zoom
SUR LE RUGBY

Hachette Jeunesse
Frédérique de Buron
Directeur

Bénédicte Servignat, Sylvie Hano,
Camille Thélot
Éditeurs

Rédaction
Frédéric Viard

Infographies
agence

Olivier Charbonnel, Clément Oubrerie,
Guillaume Boilève, Sally Bornot,
Adam Green, Claire Olivès,
Sébastien Marchal

Luigi Di Girolamo

Conception artistique
Michel Cortey

Couverture
Mark Phillips

Mise en pages
Renaud Thircuir

Lecture-correction
Jean-Pierre Leblan

L'auteur remercie
Pierre Buet, Lionel Buton
et Jean-Claude Manella pour leur aide,
ainsi que Henri Garcia, Richard Escot
et Jacques Rivière

Un grand merci tout particulièrement
à la Société Générale, à CFB Communication
et aussi à Bruno Bonnardel, Michèle Marin,
Michel Olivès et l'agence Reuters

Crédits photos :
Toutes les photos de cet ouvrage sont de
Presse-Sports, agence d'images du groupe
l'Équipe.

SUR LE RUGBY

HACHETTE
Jeunesse

SPONSOR
OFFICIEL 1999

Société Générale : Sponsor officiel
de la Coupe du Monde de Rugby 1999.

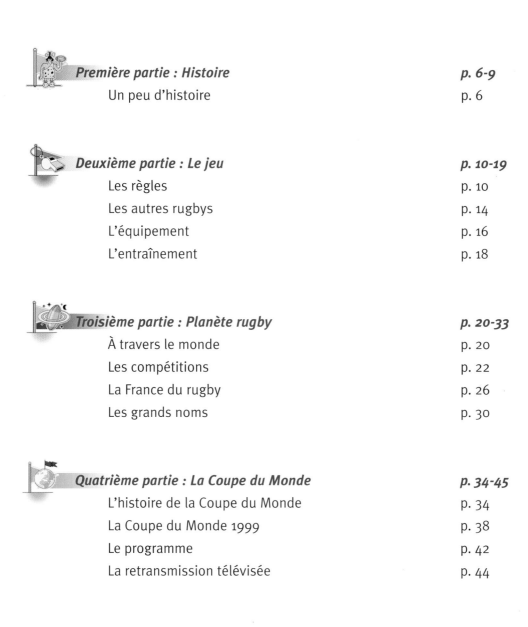

Un peu d'histoire

Jeu de collégiens, à l'origine, le rugby s'est transformé au fil du temps, modernisé, structuré. De nombreuses rencontres internationales sont venues le renforcer.

Au début du XIXe siècle, les familles de la haute société anglaise scolarisent leurs enfants dans des collèges réputés : Harrow, Shrewbury, Chaterhouse ou Rugby. Les activités de plein air y ont une place non négligeable. Chaque collège possède un jeu particulier, emblème du collège.

Un sport est né

En 1823, William Webb Ellis, élève du collège de Rugby en Angleterre, s'illustre dans un match de football. Il ramasse le ballon à la main et, au lieu de reculer et de dégager son camp comme le règlement l'y autorise alors, il se met à courir et traverse la défense adverse... le ballon toujours à la main. Un nouveau sport est né, auquel le collège de Rugby donne son nom.

Le rugby peine à conquérir son indépendance. Il demeure associé au football. Il est d'ailleurs longtemps appelé football-rugby. Néanmoins, en 1839, le premier club officiel de rugby voit le jour, à Cambridge. Mais la première compétition ne sera disputée qu'en 1858, en Écosse. L'académie d'Édimbourg, le collège de Merchiston et la Royal High School se réunissent alors pour un mini-tournoi.

En 1319, le roi de France, Philippe V, interdit la soule. Ce jeu oppose les hommes de deux villages voisins qui doivent porter une outre de cuir remplie de son à un point déterminé. Une activité qui dégénère trop souvent en pugilat.

1839
Le premier club officiel de rugby est créé à Cambridge.

1871
Le 24 juillet, Leonard Maton rédige les règles officielles du rugby.

1882
Un championnat est créé entre les quatre nations britanniques, le 16 décembre. C'est l'ancêtre du tournoi des Cinq Nations.

1895
Schisme entre les tenants des rugbys amateur et professionnel.

1900
Le 28 octobre, la France décroc... le premier titre olympique de l'histoire en rugby.

Les roses et les bleu et blanc s' affrontent au cours d' un match au collège de Rugby, en 1888. On joue à la main et la mêlée, caractéristique du rugby, prend déjà forme.

La première fédération nationale, la *Rugby Football Union* (RFU), est créée le 26 janvier 1871. Elle est anglaise. Deux mois plus tard, en mars, l'Angleterre affronte l'Écosse lors du premier match international de rugby.

Le rugby gagne du terrain

Après s'être implanté dans les colonies britanniques telles que l'Australie, la Nouvelle-Zélande ou l'Afrique du Sud, le rugby gagne les côtes françaises. La première équipe française est havraise.

Le 20 mars 1892, le Racing-Club de France est sacré premier champion de France de rugby, après avoir battu le Stade français. La finale est arbitrée par le baron Pierre de Coubertin, fondateur du championnat. C'est lui qui commande à un orfèvre, Charles Brennus, le bouclier qui récompense le vainqueur. Aujourd'hui, le bouclier de Brennus est toujours remis à l'équipe championne de France.

Les tournées internationales se développent. Une sélection anglaise se rend ainsi en Nouvelle-Zélande, en Australie puis en Afrique du Sud, des Maoris néo-zélandais disputent une compétition dans les îles Britanniques et la France va jouer au Royaume-Uni.

De nouvelles compétitions

En 1900, les Jeux olympiques sont organisés à Paris. Pour la première fois, le rugby est inscrit au programme. La France, dont l'équipe est composée de Parisiens, est sacrée championne

Sur des tribunes de fortune, le public se presse pour assister à la finale du championnat de France, Perpignan-Toulouse, en 1921.

1906
Le 22 mars, la France joue son premier match dans le tournoi des Cinq Nations. Elle arbore une tenue bleu-blanc-rouge.

1920
Création de la Fédération française de rugby, le 11 octobre.

1923
La finale du championnat de France est le premier match retransmis en direct à la radio (13 mai).

1954
La France bat l'Angleterre 11-3 et remporte, pour la première fois, le tournoi des Cinq Nations (10 avril).

olympique après sa victoire sur une sélection anglaise (27-17).

Le tournoi des Cinq Nations voit le jour en 1910 avec l'entrée de la France. Cette épreuve devient rapidement la compétition la plus importante. Le tournoi n'est interrompu que lors des deux guerres mondiales. Et, entre 1931 et 1944, la France en est exclue, notamment pour cause de professionnalisme.

Après la Seconde Guerre mondiale, les rugbymen, encore amateurs, partagent leur temps entre les championnats nationaux, le tournoi des Cinq Nations et les tournées, en particulier dans l'hémisphère sud. Cependant, la plupart des sportifs ne sont pas satisfaits par ce rythme. Ils souhaitent disputer davantage de compétitions.

En 1980, Albert Ferrasse, président de la Fédération française de rugby, lance l'idée d'une Coupe du Monde. Cinq ans plus tard, le 22 mars 1985, la

Le spectacle n'est pas seulement sur le terrain. Il est aussi dans les tribunes avec la foule bariolée des supporters, aux couleurs de leur équipe. Ici, les supporters de l'équipe de Perpignan.

Coupe du Monde de rugby voit le jour à Paris : les membres de l'*International Board,* instance régulatrice du rugby international, adoptent à l'unanimité la création de cette épreuve. La première édition, en juin 1987, se déroule en Australie et en Nouvelle-Zélande. Elle remporte un véritable succès. Depuis, le monde

du rugby se retrouve tous les quatre ans pour une grande fête. Lors des éditions suivantes, des éliminatoires sont instaurés pour désigner les seize nations participantes.

À l'issue du championnat de France, le bouclier de Brennus, souvent appelé « le bout de bois » en raison de son socle, est remis à l'équipe victorieuse.

La barette, jeu de rugby féminin, était pratiquée en France et dans certains pays d'Europe, au XIXᵉ siècle.

1959
Le tournoi des Cinq Nations est retransmis à la télévision pour la première fois (février).

1987
Le 20 juin, la Nouvelle-Zélande remporte la première Coupe du Monde.

1988
25 septembre : premier match de l'histoire entre l'URSS et les États-Unis. L'URSS s'impose 29 à 12.

1991
Le 2 novembre, à l'issue de la deuxième édition de la Coupe du Monde, l'Australie est sacrée championne du monde.

Le saviez-vous ?

Le 20 décembre 1877, un club de Calcutta, en Inde, disparaît. Le trésorier décide de fabriquer une coupe avec les roupies indiennes provenant des cotisations. La Calcutta Cup est offerte à la Fédération anglaise de rugby. Celle-ci décide de remettre ce trophée au vainqueur du match annuel qui oppose l'Écosse à l'Angleterre.

En 1905, lors d'une tournée en Angleterre, les Néo-Zélandais pulvérisent une à une toutes les équipes. Un envoyé spécial, très impressionné, titre son papier « They are all backs » (Ce sont tous des arrières !). Un sténo, voyant la photo des joueurs tout de noir vêtus, pense qu'il s'agit d'une erreur et corrige par « They are all blacks » (Ils sont tous en noir). Le surnom des « All Blacks » ne les quittera plus.

Sud. Les douze provinces de ces pays se retrouvent également pour un championnat annuel, le Super-12. Une Coupe d'Europe des clubs est créée, dont la première finale est remportée, le 7 janvier 1996, par Toulouse

La Calcutta Cup

aux dépens des Gallois de Cardiff. Le tournoi des Cinq Nations s'élargit. Dès l'an 2000, il accueillera l'Italie et deviendra le tournoi des Six Nations.

L'édition de 1995 reste une grande date dans l'histoire du rugby. L'Afrique du Sud, pays hôte, vient de réintégrer le giron du sport mondial, après en avoir été exclue de nombreuses années à cause de l'apartheid. Son équipe, qui participe pour la première fois à cette épreuve, la remporte. Après ce sacre, le rugby devient « open » ; aussi bien les amateurs que les professionnels sont admis. Les primes de matchs et les salaires sont désormais autorisés, et surtout dévoilés au grand jour.

Toujours plus de compétitions

Le rugby a trouvé un public, les télévisions souhaitent retransmettre des matchs. C'est donc en partie pour

répondre à leur attente que de nouvelles compétitions sont créées. Dans l'hémisphère sud, les *Tri-Series* opposent, tous les ans, l'Australie, la Nouvelle-Zélande et l'Afrique du

Avant d'entamer un match, les All Blacks ont l'habitude d'exécuter le « haka », danse rituelle qui s'accompagne d'un véritable cri de guerre.

1995
Création, le 23 juin, des *Tri-Series*, tournoi annuel entre la Nouvelle-Zélande, l'Australie et l'Afrique du Sud.

1995
L'Afrique du Sud remporte la troisième Coupe du Monde, le 24 juin.

1995
Le rugby devient « open » ; professionnels et amateurs sont acceptés.

1995
Création, le 31 octobre, de la première Coupe d'Europe.

1999
Coupe du Monde de rugby au pays de Galles, à partir du 1er octobre.

Les règles

**Pour s'emparer du ballon tout est permis, ou presque...
C'est une des caractéristiques du rugby.
Néanmoins, les joueurs doivent se conformer
à un certain nombre de règles.**

Durant une partie de rugby, deux équipes, composées chacune de quinze joueurs, s'affrontent. Un match se joue en deux périodes de quarante minutes avec une mi-temps de cinq à dix minutes. L'équipe vainqueur est, bien sûr, celle qui marque le plus grand nombre de points.

Progresser avec le ballon

Pour amener le ballon jusqu'à l'en-but adverse, un joueur a différentes possibilités. Il peut courir en portant le ballon. Tout en avançant, il peut le passer à un de ses partenaires en le lui lançant à la main, à condition que celui-ci se trouve derrière lui. Il ne peut envoyer le ballon vers l'avant qu'avec le pied, pas à la main. Ses partenaires peuvent alors le récupérer, mais uniquement s'ils se trouvaient derrière le botteur au moment du coup de pied.

L'équipe adverse doit stopper cette progression. Elle a, pour y parvenir, le droit de plaquer à terre, de retenir ou de bousculer le porteur du ballon. C'est la spécificité du rugby, sport de contact. Plusieurs joueurs peuvent simultanément plaquer le porteur.

Un joueur a le droit d'attraper le pied du porteur du ballon pour le faire chuter. On dit qu'il lui fait une cuiller. Quant au porteur du ballon, il peut, pour se dégager, raffûter – repousser du bras – un adversaire qui le serre de près.

Compter les points

Lorsqu'un joueur réussit un essai, son équipe marque cinq points. L'essai est accordé si le joueur de l'équipe

Ligne de but

Ligne des 15 mèt

Ligne de ballon mort

En-but

22 mètres

Longueur maximum : 100 mètres

Ligne médiane

Pas de hauteur maximum

5,60 m

3 m

Poteaux de but

Le terrain de rugby

Comme tout terrain de sport, celui de rugby doit respecter certains critères. Chaque joueur occupe une place déterminée sur le terrain, et par rapport aux autres joueurs.

1 : pilier gauche
2 : talonneur
3 : pilier droit
4 et 5 : deuxièmes lignes
6 : troisième ligne aile gauche
7 : troisième ligne aile droit
8 : troisième ligne centre

9 : demi de mêlée
10 : demi d'ouverture
11 : ailier gauche
12 : premier centre
13 : deuxième centre
14 : ailier droit
15 : arrière

Ligne des 10 mètres

Ligne des 5 mètres

Ligne de touche

Ligne des 22 mètres

Ligne des 5 mètres

En-but

Largeur maximum : 70 mètres

22 mètres

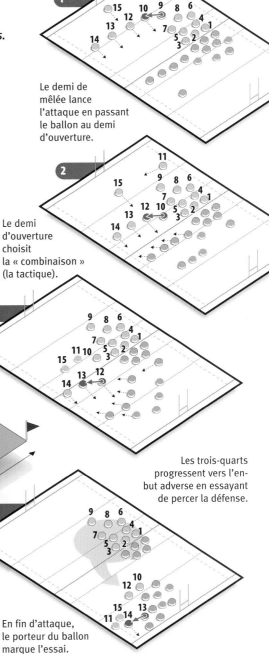

1 Le demi de mêlée lance l'attaque en passant le ballon au demi d'ouverture.

2 Le demi d'ouverture choisit la « combinaison » (la tactique).

3 Les trois-quarts progressent vers l'en-but adverse en essayant de percer la défense.

4 En fin d'attaque, le porteur du ballon marque l'essai.

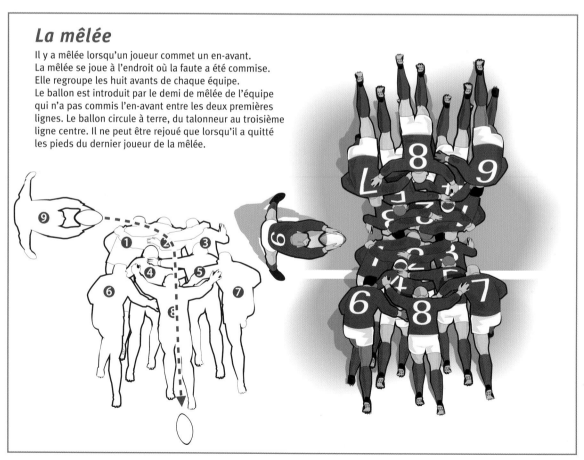

attaquante met, dans l'en-but adverse, le ballon en contact avec le sol ou se couche dessus.

L'équipe gagnante peut alors essayer d'obtenir deux points supplémentaires en transformant l'essai. La transformation consiste à **botter** le ballon pour le faire passer entre les poteaux adverses. Elle peut être tentée à partir de tout point situé sur une ligne perpendiculaire à l'en-but et commençant à l'endroit où le ballon a été **aplati**.

Le drop-goal, ou simplement drop, rapporte trois points. Il faut laisser tomber le ballon au sol et le frapper une fois qu'il a rebondi pour l'envoyer entre les poteaux adverses. Le drop-goal peut être frappé de n'importe quel endroit du terrain.

Enfin, une pénalité réussie vaut trois points.

Attention… faute !

Un arbitre est chargé de diriger le jeu. Il veille à son bon déroulement, à l'application des règles. Il comptabilise le temps écoulé, le nombre de points marqués par chacune des équipes. Il est assisté par deux arbitres, les arbitres de touche. Ces derniers notifient à l'arbitre les fautes des joueurs, par exemple, mais ils ne prennent aucune décision.

Bien que le rugby soit un sport de contact, certains gestes sont néanmoins sanctionnés. Ainsi, le plaquage à hauteur du cou est défendu car dangereux. Il est également interdit, en dehors des mêlées et des regroupements, de retenir, de plaquer ou de gêner un joueur sans ballon. Un joueur qui se montre violent peut se voir exclu par l'arbitre temporairement (dix minutes) ou définitivement. En outre, l'adversaire bénéficie d'une pénalité.

Quand un joueur commet un en-avant, c'est-à-dire qu'il passe le ballon en avant avec la main, l'arbitre interrompt le jeu et ordonne une

La mêlée

Il y a mêlée lorsqu'un joueur commet un en-avant.
La mêlée se joue à l'endroit où la faute a été commise.
Elle regroupe les huit avants de chaque équipe.
Le ballon est introduit par le demi de mêlée de l'équipe qui n'a pas commis l'en-avant entre les deux premières lignes. Le ballon circule à terre, du talonneur au troisième ligne centre. Il ne peut être rejoué que lorsqu'il a quitté les pieds du dernier joueur de la mêlée.

mêlée. L'introduction est donnée à l'équipe qui n'a pas commis la faute. Si un joueur commet une faute d'anti-jeu – il bloque le jeu –, il y a pénalité. L'arbitre sanctionne la faute en donnant le ballon à l'équipe gênée. Celle-ci peut jouer la pénalité soit à la main, soit au pied, entre les poteaux adverses, pour marquer trois points, ou en touche pour se rapprocher de l'en-but adverse. Le lancer en touche lui sera redonné. Quel que soit le choix de l'équipe qui joue la pénalité, ses adversaires doivent se tenir à au moins dix mètres du ballon au moment où il est joué.

Tout joueur se trouvant dans une zone du terrain qui lui est interdite est déclaré hors jeu.

La touche

La ligne de touche ne fait pas partie de l'aire de jeu : ni le ballon ni le porteur du ballon ne doivent la franchir. L'arbitre interrompt le cours du jeu même si le porteur du ballon ne fait que toucher cette ligne.

La touche est donnée à l'équipe qui n'était pas en possession du ballon au moment où la faute à été commise. Cette équipe choisit le nombre de joueurs présents dans l'alignement (au minimum deux). Ceux-ci doivent se tenir entre les lignes des cinq et quinze mètres et respecter un couloir d'un mètre entre les deux alignements. La remise en jeu se joue à l'endroit même où le ballon a franchi la ligne de touche ; le ballon doit être lancé entre les deux alignements.

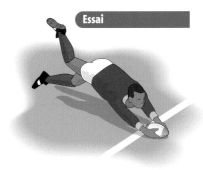

Essai

Pour que l'essai soit accordé, le joueur doit tenir le ballon lorsque celui-ci rentre en contact avec le sol.

Plaquage

Le plaquage est le moyen le plus efficace pour arrêter le porteur du ballon.

📖 Le Dico du Rugby

Passeur : joueur porteur du ballon qui sert (envoie le ballon) à l'un de ses coéquipiers. La passe peut se faire à la main - toujours vers l'arrière - ou au pied.

Botter : action de frapper le ballon avec le pied. On peut botter en lâchant le ballon avec les mains et en le frappant avant qu'il ne rebondisse ou après le rebond. c'est alors un drop. On peut aussi botter en posant le ballon sur le sol.

Aplatir : action d'écraser le ballon sur le sol lorsqu'on marque un essai ; d'où l'expression « aplatir le ballon ».

Pack : désigne les huit avants d'une équipe. C'est le pack qui participe à la mêlée.

Ascenseur

À l'occasion d'une touche, l'ascenseur permet de hisser puis de maintenir un partenaire en hauteur pour qu'il puisse attraper le ballon.

Initialement, le rugby se joue à vingt contre vingt, avant que la formule à quinze ne soit définitivement adoptée. Aujourd'hui, le quinze est majoritaire, mais il n'est cependant pas la seule expression de ce sport.

Les autres rugbys

Le 28 avril 1883, le club de Melrose en Écosse, au bord de la faillite, décide d'organiser un tournoi de « mini-rugby » *(short game)*, appelé par la suite rugby à sept. Chaque équipe est divisée en deux. Ainsi, les organisateurs obtiennent un nombre suffisant d'équipes pour monter un tournoi. Le match, qui ne dure que quinze minutes, est disputé sur un terrain normal.

Le rugby à sept

Ce type de jeu a évolué. Cependant, il se pratique toujours à sept, sur un terrain classique, en deux périodes de sept minutes, partagées par une mi-temps d'une minute. Les mêlées se jouent à trois. En touche, les joueurs ne peuvent être plus de trois par équipe. Les points se comptent de la même manière qu'au rugby à quinze.

Le rugby à sept favorise le jeu à la main. En effet, les espaces étant grands, jouer au pied deviendrait vite fatigant. Aujourd'hui, les joueurs de l'hémisphère sud, et notamment les Fidjiens, dominent cette discipline. Ceux-ci se montrent d'une grande habileté à la main et jouent naturellement très peu au pied.

Une Coupe du Monde à sept

Devant le développement de ce « mini-rugby », l'*International Board a* créé une Coupe du Monde de rugby à sept – la Melrose Cup – qui a lieu tous les quatre ans. La première édition s'est tenue, en 1993, en Écosse, la deuxième à Hong Kong, en 1997. Cette même année, la ville accueillait aussi le plus grand tournoi mondial de rugby à sept, qui a alors fusionné avec la Coupe du Monde. Le titre est revenu à l'équipe des îles Fidji.

Le cousin d'Amérique

Ce sont les colons britanniques qui ont initié les Américains au rugby. Mais, peu à peu, ces derniers ont transformé ce sport pour donner naissance au football américain.
Le football américain se joue avec un ballon ovale, plus petit que celui de rugby. Une rencontre se déroule en quatre quarts-temps de quinze minutes de jeu effectif. Deux équipes de onze joueurs s'affrontent. Il faut porter le ballon jusqu'à l'en-but adverse, mais il n'est pas nécessaire de l'aplatir. De plus, la passe en avant est autorisée. Quatre tentatives sont données à une équipe pour parcourir au moins dix yards (environ 9 mètres). Si l'équipe

offensive y parvient, elle dispose alors de quatre nouvelles tentatives. Dans le cas contraire, elle rend le ballon à l'équipe adverse. Une tentative est stoppée lorsque le porteur du ballon est plaqué.

9,1 mètres

Le jeu s'arrête et on calcule combien de yards ont déjà été parcourus par la ligne offensive. Si sept yards ont été parcourus, l'attaque n'en a plus que trois à franchir. Le jeu – deuxième tentative – reprend à l'endroit précis où il a été arrêté. Le ballon est rendu à l'équipe offensive, qui peut choisir de le jouer à la main ou au pied pour l'envoyer entre les poteaux adverses (un *field goal*).
Si l'équipe défensive intercepte le ballon, le jeu est interrompu. Les équipes sont changées. L'équipe défensive devient offensive et vice-versa. Les remplacements de joueurs ne sont pas limités et peuvent intervenir à chaque arrêt de jeu.

Le terrain de football américain

Les équipes se répartissent en deux : les lignes offensives et les lignes défensives. L'équipe en possession du ballon fait entrer sa ligne offensive sur le terrain, tandis que l'équipe adverse fait entrer sa ligne défensive. Lorsque la ligne offensive perd le ballon, elle sort du terrain pour laisser la place à la ligne défensive. L'équipe adverse permute ses lignes de la même façon.

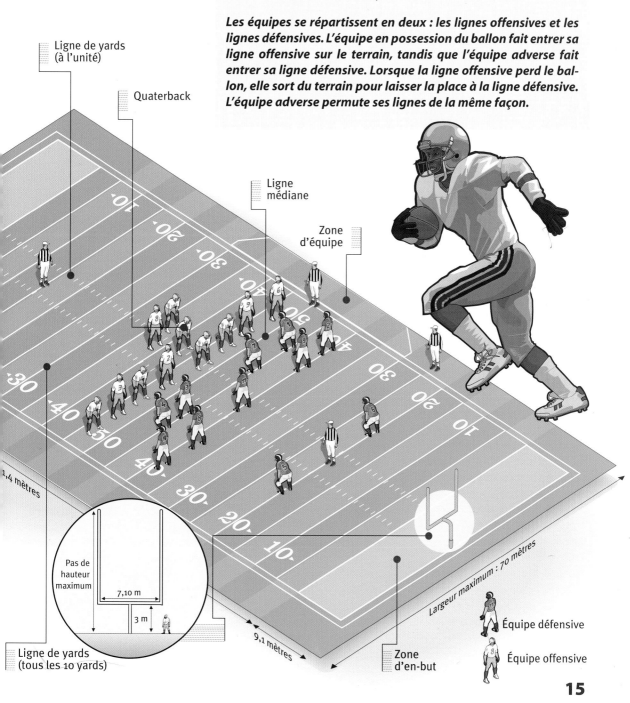

Ligne de yards
(à l'unité)

Quaterback

Ligne
médiane

Zone
d'équipe

1,4 mètres

Pas de
hauteur
maximum

7,10 m

3 m

Ligne de yards
(tous les 10 yards)

Largeur maximum : 70 mètres

9,1 mètres

Zone
d'en-but

Équipe défensive

Équipe offensive

L'équipement

Lorsque William Webb Ellis ramasse le ballon avec les mains, il est habillé en tenue de ville – pantalon, chemise et gilet –, comme tous les collégiens de la bourgeoisie anglaise.

En 175 ans, les tenues ont énormément évolué. D'abord, les crampons. Ils font leur apparition avant la fin du XIXe siècle. Ils sont alors en cuir. Désormais, ils sont en métal ou en plastique, moulés ou vissés sous la semelle. Ils ne doivent pas dépasser 18 millimètres de long.

Les avants portent des chaussures montantes afin de protéger la cheville, avec parfois un crampon supplémentaire pour avoir davantage de stabilité dans la mêlée.

Très rapidement, le pantalon est remplacé par le bermuda, puis le short qui offre deux avantages. D'une part, le joueur est plus à l'aise, en particulier pour courir, d'autre part les prises aux jambes sont moins nombreuses pour les plaqueurs.

Quant au maillot, il suit l'évolution du textile. Cependant, il conserve le col, marque des jeunes collégiens.

Une véritable armure

Les protections se généralisent. Le casque bien sûr, qui protège les parties arrière et supérieures du crâne, ainsi que les oreilles. Il existe également des protections pour les clavicules et les épaules. Elles doivent être souples et ne comporter aucune partie en métal pour ne pas blesser l'adversaire lors des contacts.

Le protège-dents est de plus en plus utilisé. Protège-tibias et protège-chevilles sont également acceptés. En revanche, aucune protection n'est autorisée entre le sternum et les genoux.

À partir de la Coupe du Monde, l'équipement des joueurs devra avoir reçu le label de l'*International Rugby Board.*

Identifier les arbitres

Les arbitres portent toujours un maillot aux couleurs de leur pays pour se distinguer des joueurs des deux équipes qui s'affrontent. En effet, lors des matchs internationaux, un arbitre ne peut appartenir à aucun des pays dont sont originaires les joueurs des équipes en lice. Pour la Coupe du Monde, un maillot sera conçu pour les arbitres. Il sera le même pour tous.

Petite histoire de ballon

Au XIXe siècle, les ballons de rugby et de football sont identiques ; ils sont ronds. Vers 1830, au rugby, une vessie de porc cousue est utilisée. Sa forme oblongue permet aux botteurs de pointer le ballon vers les poteaux, lorsqu'ils doivent le frapper par en dessous pour mieux le lever. C'est à Londres, en 1851, que William Gilbert présente le premier ballon ovale fabriqué à partir d'une outre fatiguée. Aujourd'hui, le ballon de rugby, toujours de forme ovale, est en matière synthétique. Il est constitué de quatre panneaux. Son grand axe mesure de 20 à 30 centimètres. Il pèse entre 400 et 440 grammes.

Joueur d'hier,
joueur de demain...

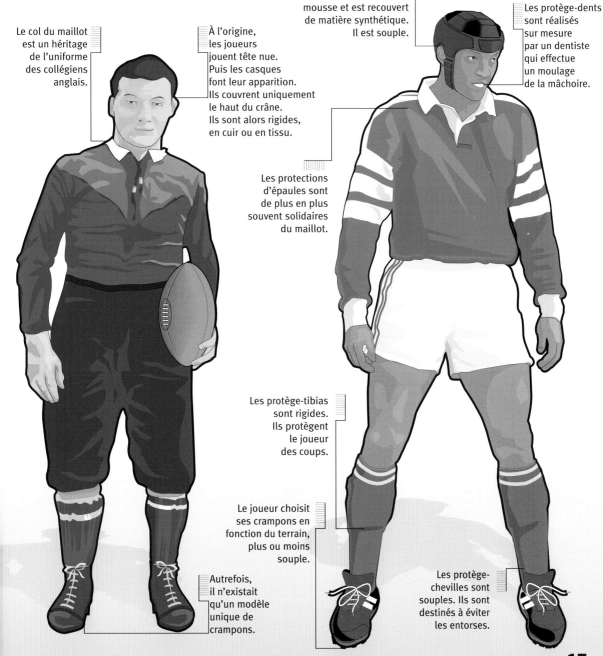

Le col du maillot est un héritage de l'uniforme des collégiens anglais.

À l'origine, les joueurs jouent tête nue. Puis les casques font leur apparition. Ils couvrent uniquement le haut du crâne. Ils sont alors rigides, en cuir ou en tissu.

Aujourd'hui, le casque est intégral ; il enveloppe toute la tête. Il est en mousse et est recouvert de matière synthétique. Il est souple.

Les protège-dents sont réalisés sur mesure par un dentiste qui effectue un moulage de la mâchoire.

Les protections d'épaules sont de plus en plus souvent solidaires du maillot.

Les protège-tibias sont rigides. Ils protègent le joueur des coups.

Le joueur choisit ses crampons en fonction du terrain, plus ou moins souple.

Autrefois, il n'existait qu'un modèle unique de crampons.

Les protège-chevilles sont souples. Ils sont destinés à éviter les entorses.

L'entraînement

Simple activité de plein air à sa naissance, le rugby est devenu un sport professionnel avec de grandes exigences. Le calendrier oblige les meilleurs joueurs à disputer jusqu'à quarante matchs en une saison !

Fracture des côtes

Elle est de plus en plus rare. Mais lorsqu'elle survient, l'indisponibilité est longue, jusqu'à 45 jours. La côte risque de perforer le poumon. Plus courante, la fissure n'entraîne pas d'indisponibilité. Une protection suffit pour reprendre la compétition.

Au programme du rugbyman, du jeu avec ballon, bien sûr, mais aussi de la musculation, de la course, de l'endurance, sans oublier du repos. Certains clubs incluent dans l'entraînement des joueurs des séances de natation, de vélo, de karaté et même de la relaxation. Aujourd'hui, une équipe de l'Élite s'entraîne jusqu'à huit fois par semaine. Entre les entraînements et les matchs, les joueurs ont de moins en moins de temps pour eux-mêmes, le sport se professionnalise d'autant.

Un physique imposant… mais fragile

La morphologie du joueur s'est modifiée. Désormais, les joueurs dépassant cent kilos pour 1,90 mètre sont de plus en plus nombreux. Plus rapides, plus puissants, leurs impacts font également plus mal et les blessures sont différentes.

Les nez et les dents cassés sont moins fréquents qu'autrefois, cependant les plaies au visage restent très nombreuses. Dorénavant, un joueur n'a plus le droit de rester sur le terrain s'il saigne. L'hémorragie doit être stoppée avant qu'il ne reprenne

le jeu. Cette mesure a été prise, notamment pour éviter tout risque de transmission du virus du sida entre des joueurs.

Désormais, l'épaule est très sollicitée, par conséquent plus souvent blessée. L'entorse acromio-claviculaire est la plus courante et peut écarter un joueur plusieurs mois des terrains. C'est pour cette raison que les joueurs protègent de plus en plus leurs épaules.

Les jambes également sont sollicitées, et claquages et contractures sont fréquents, comme dans beaucoup de sports.

Les articulations sont, elles aussi, mises à rude épreuve. La rupture des ligaments croisés ou latéraux du genou est de plus en plus courante. Elle met fin à la saison du joueur. Elle nécessite, en effet, un minimum de six mois avant que le blessé soit en état de reprendre la compétition.

La cheville travaille beaucoup. Heureusement, en général, elle n'est que légèrement blessée. Il s'agit, le plus souvent, de simples entorses qui n'hypothèquent pas l'avenir du joueur.

Blessures et indisponibilité

La plupart du temps, les sportifs de haut niveau s'attachent à continuer de travailler, durant leur période d'indisponibilité, les parties de leur corps qui ne sont pas touchées par la blessure.

Rupture des ligaments

La rupture du ligament croisé antérieur est la blessure la plus lourde. L'immobilisation n'est que de dix jours, mais le retour à la compétition ne se fait pas avant six ou sept mois.

Fracture de la clavicule

Elle nécessite 45 jours d'immobilisation. Et deux à trois mois sont nécessaires avant le retour à la compétition.

Fracture du nez

La blessure historique du rugbyman n'entraîne plus d'arrêt, à moins d'un gros déplacement de la paroi nasale.

Luxation de l'épaule

Il faut compter en moyenne trois semaines d'immobilisation et deux à trois mois avant le retour à la compétition. L'entorse acromio-claviculaire nécessite, en général, les mêmes arrêts.

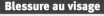

Blessure au visage

Pour la mâchoire comme pour le plancher orbital (les yeux), la règle est de 45 jours d'arrêt.

19

À travers le monde

Le rugby, né en Angleterre, gagne les îles Britanniques, avant de conquérir la planète. Le monde du rugby continue de s'agrandir, si bien qu'on envisage qu'il redevienne un sport olympique. Pourquoi pas dès 2004 ?

Pays-Bas
Écosse
Irlande
Pays de Galles
Roumanie
Angleterre
France
Italie
Espagne

Argentine

Afrique du Sud

Les cinq nations

Le rugby européen est essentiellement représenté par l'Angleterre, la France, l'Irlande, l'Écosse et le pays de Galles. Ces cinq équipes figurent parmi les meilleures du monde. Elles se retrouvent chaque année pour disputer le prestigieux tournoi des Cinq Nations. En outre, l'Angleterre est la patrie du rugby.

Argentine

Les Argentins ont très vite été conquis par le rugby, l'Argentine devenant ainsi une des places fortes de ce sport derrière les huit nations historiques. Le maillot national, rayé ciel et blanc, porte un puma sur le cœur. D'où le surnom de Pumas pour désigner les joueurs argentins. Ceux-ci sont réputés pour leur mêlée, très forte – la *bajadita* –, qui a souvent beaucoup gêné leurs adversaires. Son principe : faire plier les piliers adverses.

Afrique du Sud

Longtemps écartée des compétitions internationales pour cause d'apartheid, l'Afrique du Sud est revenue dans le giron du sport mondial en 1992. Et désormais, l'équipe sud-africaine fait partie des meilleures du monde. C'est d'ailleurs le seul pays invaincu en Coupe du Monde avec un titre décroché en 1995. L'Afrique du Sud partage le record de victoires consécutives en test-match avec la Nouvelle-Zélande. Elle a également remporté les *Tri-Series* en 1998. Le maillot national est vert olive avec une antilope, springbok, sur le cœur. C'est de là que vient leur surnom.

Du côté de l'Europe

La Roumanie a longtemps possédé une équipe prometteuse, tandis que dans d'autres pays d'Europe de l'Est – la Bulgarie ou la Hongrie par exemple –, le rugby était pour ainsi dire inexistant. La Roumanie a en effet bénéficié d'une forte influence culturelle française. Désormais, le pays en proie à de grandes difficultés économiques ne peut plus guère subvenir aux besoins d'une équipe qui a longtemps espéré être intégrée au tournoi des Cinq Nations. Un honneur qui revient finalement à l'Italie, qui sera, dès l'an 2000, la sixième nation du tournoi.

Derrière, l'Espagne, les Pays-Bas et la Géorgie commencent à émerger dans le monde du rugby. Cependant, les Pays-Bas n'ont pas réussi à se qualifier pour la Coupe du Monde.

Géorgie

Japon

Japon

Le Japon a longtemps été le seul pays d'Asie à posséder une équipe de rugby. Il est vrai que les Japonais ont toujours eut une grande attirance pour ce qui venait de chez leurs voisins néo-zélandais et australiens. D'ailleurs, des joueurs de ces pays ont très souvent disputé le championnat national japonais.

Les îles de l'hémisphère sud

Les îles Fidji, les Samoa-Occidentales et les îles Tonga ont toutes bénéficié de la forte influence de la Nouvelle-Zélande et de l'Australie. Une influence culturelle, économique et... rugbystique. Très tôt, les populations de ces îles se sont mises au rugby, en l'adaptant un peu. Ainsi, l'absence de ballon les obligeait à jouer avec des noix de coco. Comme les participants jouaient pieds nus sur la plage, le jeu au pied s'est peu développé. Et les Fidjiens sont désormais réputés pour être les meilleurs joueurs à la main du monde. Quant au jeu « dur » des Samoans et des Tonguiens, il est empreint des traditions guerrières de ces deux pays. Leurs plaquages sont d'ailleurs redoutés des joueurs des autres nations.

Samoa-Occ.

Fidji

Tonga

Nouvelle-Zélande

Australie

Nouvelle-Zélande

La Nouvelle-Zélande est devenue la seconde patrie du rugby. Les All Blacks sont vêtus de noir de la tête aux pieds. Sur leur maillot, une feuille de fougère argentée. Selon la légende, ils portent le deuil de leurs adversaires... La Nouvelle-Zélande est la seule équipe à avoir joué deux finales de la Coupe du Monde. Elle a triomphé en 1987 et perdu en 1995. Le pays partage également le record de victoires d'affilée (18) en test-match. Il a remporté les deux premières éditions des *Tri-Series*.

Australie

Les joueurs australiens sont surnommés les Wallabies, en référence au petit kangourou, wallaby, qui figure sur leur maillot orange. L'Australie a remporté la Coupe du Monde en 1991, après avoir été demi-finaliste en 1987. En 1993, lors de la première édition de la Coupe du Monde de rugby à sept, elle atteint la finale.

21

Depuis la création du tournoi des Cinq Nations, à l'origine des Quatre Nations, à la fin du siècle dernier, le monde du rugby s'est enrichi de nombreuses compétitions, tant en Europe que dans l'hémisphère sud.

Les compétitions

Le tournoi des Cinq Nations est, certes, la plus ancienne des compétitions, mais surtout la plus prestigieuse. Le Comité des Cinq Nations décide seul de l'entrée dans ce club très fermé de nouveaux participants. Il n'y a pas de critères définis à respecter, l'important étant la valeur et la notoriété des équipes.

Le tournoi des Cinq Nations

Rendez-vous annuel entre les nations européennes, le tournoi, à l'origine des Quatre Nations, est né en 1881, sous l'égide de l'*International Board*. On a attendu, pour le créer, que la Fédération galloise voit le jour, ce qui a été chose faite un an auparavant, en 1880.

Le tournoi n'est pas, au départ, une compétition officielle. Il s'agit simplement de rendez-vous réguliers qui prendront, une dizaine d'années plus tard, le nom de *championship* (championnat), sans devenir une compétition officielle pour autant. L'Angleterre est alors la seule des quatre à rencontrer les trois autres nations.

En 1910, après une longue attente, la France fait son entrée dans le championnat, qui devient alors le tournoi

20 victoires, dont 6 grands chelems, les deux derniers en 1997 et 1998. La France n'a commencé à participer au tournoi qu'en 1910. Sa première victoire remonte à 1954.

Victoires 20

France

Victoires  32

32 victoires, dont les deux premières éditions en 1883 et 1884. 20 triples couronnes, dont 2 lors des deux premières éditions du tournoi. Celles-ci ne sont pas comptabilisées comme grands chelems, car la France ne participait pas encore au tournoi. L'Angleterre compte 11 grands chelems, le premier en 1913. C'est le pays qui en compte le plus et c'est également la première nation à avoir remporté deux grands chelems consécutivement, en 1991 et 1992.

Angleterre

Le tournoi des Cinq Nations

Ne s'agissant pas d'une compétition officielle mais d'un tournoi sur invitation, aucun classement officiel n'est donné par le Comité des Cinq, et bientôt Six, Nations qui gère l'épreuve. Seul le vainqueur est désigné et, depuis 1993, un trophée lui est remis à l'issue de la dernière journée. Néanmoins, un classement officieux existe : chaque victoire rapporte deux points et les matchs nuls un seul.

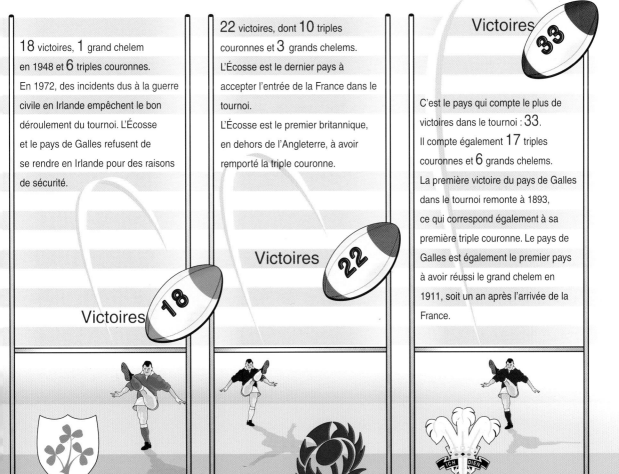

18 victoires, 1 grand chelem en 1948 et 6 triples couronnes. En 1972, des incidents dus à la guerre civile en Irlande empêchent le bon déroulement du tournoi. L'Écosse et le pays de Galles refusent de se rendre en Irlande pour des raisons de sécurité.

22 victoires, dont 10 triples couronnes et 3 grands chelems. L'Écosse est le dernier pays à accepter l'entrée de la France dans le tournoi. L'Écosse est le premier britannique, en dehors de l'Angleterre, à avoir remporté la triple couronne.

C'est le pays qui compte le plus de victoires dans le tournoi : 33. Il compte également 17 triples couronnes et 6 grands chelems. La première victoire du pays de Galles dans le tournoi remonte à 1893, ce qui correspond également à sa première triple couronne. Le pays de Galles est également le premier pays à avoir réussi le grand chelem en 1911, soit un an après l'arrivée de la France.

Victoires 33

Victoires 22

Victoires 18

Irlande

Écosse

Pays de Galles

des Cinq Nations. Les derniers à avoir donné leur assentiment à la participation de la France sont les Écossais. Cette première participation est un calvaire pour la France qui perd ses quatre rencontres, et se voit donc remettre la **cuiller de bois**.

Mode d'emploi

Désormais, toutes les équipes se rencontrent une fois, avec deux semaines de battement entre deux matchs. La compétition dure deux mois et, avec l'arrivée de l'Italie en l'an 2000, toutes les équipes joueront chaque jour. Une équipe qui en reçoit une autre la première année, se déplace sur le terrain adverse l'année suivante.

Les coupes d'Europe

L'hémisphère sud ayant ses compétitions – les *Tri-Series* et le Super 12 –, l'Europe se doit de créer, elle aussi, une compétition destinée aux clubs. C'est ainsi que la Coupe d'Europe voit le jour le 30 octobre 1995. Elle se dispute à cheval sur deux années, la finale se jouant courant janvier pour être terminée avant que ne débute le tournoi des Cinq Nations.

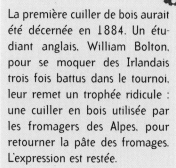

Le saviez-vous ?

La première cuiller de bois aurait été décernée en 1884. Un étudiant anglais, William Bolton, pour se moquer des Irlandais trois fois battus dans le tournoi, leur remet un trophée ridicule : une cuiller en bois utilisée par les fromagers des Alpes, pour retourner la pâte des fromages. L'expression est restée.

Le Super 12 est le lancement de la saison de rugby dans l'hémisphère sud. Les 400 meilleurs joueurs de cette partie du globe s'y retrouvent pour un championnat basé sur l'attaque et réputé pour le beau jeu.

La première Coupe d'Europe, créée dans l'urgence, n'est pas fédératrice, loin de là. En effet, les clubs anglais et écossais décident de ne pas y participer. Les trois meilleurs clubs français et gallois, trois provinces irlandaises, ainsi que deux clubs italiens et un roumain y prennent part. La première édition est un véritable succès. Toulouse inaugure le palmarès en battant Cardiff, en finale, le 7 janvier 1996, 21 à 18.

L'année suivante, en 1997, les Anglais et les Écossais font leur entrée dans la compétition, qui s'élargit avec la création d'une deuxième Coupe d'Europe, appelée Conférence européenne. Les participants sont les clubs classés juste après ceux qualifiés pour la Coupe d'Europe dans leurs championnats respectifs.

En 1999, les Anglais ainsi que quelques clubs gallois décident de boycotter la Coupe d'Europe pour des raisons financières, des problèmes de contrats…

Quant à la Conférence européenne, elle accueille pour la première fois des sélections espagnoles et portugaises. Elle change de nom et devient le Bouclier européen.

Une nouvelle Coupe d'Europe vient de naître : elle a été officialisée le 27 mars 1999. Pour sa première édition, elle réunira 24 clubs, dont six français, six anglais, cinq gallois, trois provinces irlandaises, deux écossaises et deux clubs italiens.

Les compétitions de l'hémisphère sud

Jusqu'en 1995, date de la première Coupe du Monde, l'hémisphère sud vit tranquillement au rythme de ses championnats nationaux, des tournées en Afrique du Sud ainsi que des rendez-vous annuels de la **Bledisloe Cup.** Mais l'impact de la Coupe du Monde, la professionnalisation du rugby, sans oublier l'engouement des téléspectateurs vont troubler cette quiétude. C'est ainsi que le 23 juin 1995, la veille de la finale de la Coupe du Monde, les présidents des fédérations australienne, néo-zélandaise et sud-africaine annoncent la création des *Tri-Series* et du Super 12.

Le magnat de la télévision Rupert Murdoch est à l'origine de ces innovations. D'ailleurs, il achète les droits de retransmission télévisée des matchs pour dix ans, pour la somme de 2,75 milliards de francs. Une somme jamais atteinte dans le rugby et qui se rapproche de celles versées pour diffuser les Jeux olympiques !

Le Super 12

Ce championnat réunit les douze provinces des trois pays de l'hémisphère sud : soit cinq en Nouvelle-Zélande (Otago Highlanders, Waikato Chiefs, Auckland Blues, Canterbury Crusaders, Wellington Hurricanes) ; trois en Australie (ACT – Australian Capital Territory – Brumbies, NSW – New South Wales – Waratahs, et Queensland Reds) ; et quatre en Afrique du Sud (Northern Bulls, Golden Cats, Coastal Sharks, Western Stormers).

Chacune des équipes rencontre toutes les autres une fois. À l'issue de ces onze journées, les quatre premiers au classement disputent les demi-finales qui se déroulent toujours de la même façon : le premier contre le quatrième et le deuxième contre le troisième. Les vainqueurs de ces matchs se disputent ensuite le titre sur un seul match.

Les Tri-Series

C'est l'équivalent du Super 12 mais il oppose des équipes nationales. Les *Tri-Series* sont disputés en été, succédant ainsi au Super 12.

Chaque équipe joue contre les deux autres en match aller et retour. Un classement est réalisé à l'issue de tous les matchs, qui permet de désigner le vainqueur.

À l'heure actuelle, les *Tri-Series* sont considérés comme la compétition de rugby dont le niveau est le plus élevé.

 ## Le Dico du Rugby

Grand chelem : on dit qu'une équipe réalise le grand chelem lorsqu'elle parvient à remporter tous ses matchs lors d'une même édition du tournoi des Cinq Nations.

Triple couronne : elle honore l'équipe britannique qui bat ses trois adversaires des îles Britanniques lors d'un même tournoi des Cinq Nations. Les premiers à réussir cet exploit sont les Anglais en 1893.

Cuiller de bois : elle est symboliquement attribuée à l'équipe qui perd tous ses matchs lors du tournoi des Cinq Nations.

Bledisloe cup : trophée récompensant le vainqueur du match annuel entre l'Australie et la Nouvelle-Zélande. Elle est créée en 1931, offerte par le gouverneur général de la province d'Auckland, le baron de Bledisloe. Il s'agit également de célébrer la bonne entente entre ces deux pays.

Palmarès

	Coupe d'Europe	Conférence européenne	Tri-Series	Super 12
996	Toulouse Toulouse bat Cardiff : 21-18		Nouvelle-Zélande	Auckland Blues Auckland Blues (N.-Z.) bat Natal (Af. du S.) : 45-21
997	Brive Brive bat Leicester : 28-9	Bourgoin-Jallieu Bourgoin-Jallieu bat Castres : 18-9	Nouvelle-Zélande	Auckland Blues Auckland Blues (N.-Z.) bat ACT Brumbies (Aust.) : 23-27
998	Bath Bath bat Brive : 19-18	Colomiers Colomiers bat Agen : 43-5	Afrique du Sud	Canterbury Crusaders Canterbury Crusaders (N.-Z.) bat Auckland Blues (N.-Z.) : 20-13
999	Ulster Ulster bat Colomiers : 21-6	Clermont-Ferrand Clermont-Ferrand bat Bourgoin-Jallieu : 35-16 (Bouclier européen)		

La France du rugby

Le rugby fait son entrée en France par le Havre, premier port de commerce avec l'Angleterre. Il devient ensuite parisien, avant de conquérir le sud-ouest de l'Hexagone.

Bordeaux abrite, au début du siècle, une importante colonie britannique, qui favorise l'essor du rugby dans la région bordelaise. Les Anglais créent un club à Bordeaux. Toulouse est rapidement emportée dans le tourbillon avec son club des étudiants toulousains. Le rugby a conquis le Sud-Ouest.

Un championnat national

Chaque année, le championnat de France de rugby voit s'affronter les meilleures équipes du pays. Et tous les ans, un club est sacré à l'issue de la finale.

Pour la saison 1998-1999, 24 clubs participent au championnat Élite 1, l'équivalent de la première division de football. Pour la saison 1999-2000, ils seront encore 24 lors de la première phase qui réunira six poules composées de quatre équipes. Les seize meilleures équipes seront qualifiées pour la deuxième phase, le top 16. Soit quatre poules de quatre équipes. Les deux meilleures équipes de chaque poule seront retenues pour jouer les quarts de finale. Ensuite, on retombe dans le schéma classique, demi-finale et finale.

26

Club athlétique Brive-Corrèze

Brive

Vice-champion de France en 1965, 1972, 1975 et 1996. Champion de France de 2e division en 1957. Vainqueur de la Coupe d'Europe en 1997.

Cercle athlétique Bègles-Bordeaux-Gironde

Bègles-Bordeaux

Champion de France en 1969 et 1991. Vainqueur de la Coupe de France en 1949.

Sporting Union agenais

Agen

Champion de Franc en 1930, 1945, 1962, 1965, 1966 1976, 1982, 1988

Section paloise

Pau

Champion de France en 1928, 1946 et 1964. Vainqueur du challenge Yves-du-Manoir en 1939 et 1952. Vainqueur de la Coupe de France en 1997.

Biarritz Olympique

Biarritz

Champion de France en 1935 et 1939. Vice-champion en 1934, 1938 et 1992. Vainqueur du challenge Yves-du-Manoir en 1937.

Union sportive de Colomiers

Colomiers

Vainqueur de la Conférence européenne en 1998.

Castres Olympique

Castres

Champion de France en 1949, 1950 et 1993.

Stade toulousain

Toulouse

Vainqueur de la Coupe d'Europe en 1996 (la première). 14 titres de champion de France (le record), don le premier en 1912 et le dernier en 1997. 5 fois vainqueur du challenge Yves-du-Manoir.

Les clubs de l'Élite sacrés champions de France*

Stade français CASG

Paris

...titres de champion ...France, le premier ...1893 et le dernier en 1998. ...7 fois finaliste du ...pionnat de France.

Paris

Racing-Club de France

Paris

5 titres de champion de France, le premier en 1892 et le dernier en 1990. Le Racing est le premier club à figurer au palmarès du championnat de France.

Association sportive montferrandaise

Clermont-Ferrand

Vice-champion de France en 1936, 1937, 1970, 1978 et 1994. Vainqueur du challenge Yves-du-Manoir en 1976 et 1986.

Football-Club de Grenoble

Grenoble

Champion de France en 1954. et finaliste en 1993. Vainqueur du challenge Yves-du-Manoir en 1987.

Clermont-Ferrand

Brive

Bègles-Bordeaux

Agen

Grenoble

Toulouse

Castres

Béziers

Biarritz

Pau

Colomiers

Narbonne

Toulon

Rugby-Club toulonnais

Toulon

Champion de France en 1937, 1987 et 1992. Finaliste à 5 reprises. Vainqueur du challenge Yves-du-Manoir en 1934 et 1970.

Perpignan

Racing-Club Narbonne-Corbières

Narbonne

Champion de France en 1936 et 1979. 9 fois vainqueur du challenge Yves-du-Manoir, la première fois en 1968 et la dernière en 1991.

Association sportive Béziers-Hérault

Béziers

Champion de France en 1961, 1971, 1972, 1974, 1975, 1977, 1978, 1980, 1981, 1983 et 1984.

Union sportive athlétique Perpignan-Roussillon

Perpignan

6 fois champion de France, la première fois en 1914 et la dernière en 1955 ; finaliste en 1998. Vainqueur du challenge Yves-du-Manoir en 1935, 1955 et 1994.

*Saison 1998-1999

Autres clubs sacrés champions de France ou appartenant à l'Élite

Balma Olympique Rugby-Club

Balma

Champion de France du groupe B en 1997.

Aviron bayonnais

Bayonne

Champion de France en 1913, 1934 et 1943.
Vainqueur du challenge Yves-du-Manoir en 1944 et 1980.

Cercle amical lannemezanais

Lannemezan

Toujours à la recherche d'un premier titre de champion de France.

Lombez-Samatan-Club Comité Armagnac-Bigorre

Lombez-Samatan

Vice-champion de France de 2e division en 1986.

Football-Club lourdais

Lourdes

8 titres de champion de France, le premier en 1948 et le dernier en 1968.
6 fois vainqueur du challenge Yves-du-Manoir.
Vainqueur de la Coupe de France en 1950.

Lyon Olympique universitaire

Lyon

Champion de France en 1932 et 1933, finaliste en 1931.
Vainqueur du challenge Yves-du-Manoir en 1933.

Union sportive tyrossaise

Saint-Vincent-de-Tyrosse

Champion de France du groupe B en 1981.

Racing-club de Strasbourg

Strasbourg

Champion de France de 3e division en 1990.

Avenir valencien

Valence-d'Agen

Champion de France de 3e division en 1964.
Demi-finaliste du groupe B en 1990.

Stade bordelais Université-Club

Bordeaux

7 titres de champion de France.
Vainqueur du challenge de l'Espérance en 1997.

Club sportif de Bourgoin-Jallieu

Bourgoin-Jallieu

Champion de France de 3e division en 1964.
Demi-finaliste du groupe B en 1990.
Vainqueur de la Conférence européenne en 1997.

Stade Dijon Côte-d'Or

Dijon

Champion de France fédéral B en 1990.

Union sportive montalbanaise

Montauban

Vice-champion de France de 1re division en 1967.

Stade montois

Mont-de-Marsan

Champion de France de 1re division en 1963 et du groupe B en 1998.
Vainqueur du challenge Yves-du-Manoir en 1960, 1961 et 1962.

Montpellier Rugby-Club

Montpellier

Huitième de finale du championnat de France en 1991.

Rugby-Club Orléans

Orléans

Champion de France B2 en 1993.
Vice-champion de France B en 1997.

Club sportif de Vienne

Vienne

Champion de France en 1937.

Football-Club villefranchois

Villefranche-de-Lauragais

Finaliste du championnat de France du groupe B en 1998.

La Voulte Sportif-Club

La Voulte

Champion de France en 1970.

Les grands noms

Le rugby est, certes, avant tout un sport d'équipe, mais cela n'empêche pas des joueurs de se détacher. Retour sur quelques figures du rugby d'hier et zoom sur les stars de demain.

Même s'il n'a jamais été un grand joueur, William Webb Ellis, « l'inventeur » du rugby, mérite bien une place au panthéon des rugbymen. Nul ne sait si, après avoir quitté le collège de rugby, il continue à s'intéresser à ce sport. En tout cas, sa vie prend un tout autre chemin.

Gareth Edwards, la légende du rugby gallois.

Après avoir été ministre du culte à Saint-Clément, à Londres, William Webb Ellis quitte l'Angleterre pour le sud de la France, où il meurt en 1872 dans l'anonymat. Sa tombe n'a été découverte que par hasard, en 1969, à Menton.
Le fils de William Webb Ellis, en revanche, se consacre au rugby. C'est

à lui que l'on doit l'expansion de ce sport en Afrique du Sud. Il est l'un des initiateurs du rugby au Natal (province du sud-est de l'Afrique du Sud).

Les stars d'hier

Gareth Edwards, demi de mêlée gallois, est encore considéré aujourd'hui comme le meilleur joueur de tous les temps. Il dispute son premier match international en 1967, trois mois avant son vingtième anniversaire. Il reste titulaire – c'est-à-dire qu'il n'est jamais remplaçant – jusqu'à la fin de sa carrière, collectionnant 53 sélections consécutives, un record mondial à l'époque. Il faut attendre 1981 et son compatriote J.P.R. Williams pour voir tomber le record de sélections galloises.
Moins d'un an après son premier match, Gareth Edwards devient le plus jeune capitaine de l'histoire du rugby gallois. Il est alors âgé de 20 ans et 7 mois.
Il est l'auteur de l'un des plus beaux essais de l'histoire du rugby, alors qu'il joue avec les Barbarians britanniques contre les All Blacks, en 1973, à Cardiff.

David Campese exécutant son fameux pas de l'oie.

Le pas de l'oie

David Campese est très certainement le joueur le plus célèbre du rugby australien. Cet ailier est l'inventeur du « pas de l'oie », un passement de jambes particulier qui lui permet de tromper ses adversaires. Grâce à ce pas, il peut donner encore

Serge Blanco, France – pays de Galles, 2 mars 1991.

une accélération alors que les autres joueurs ont atteint leur vitesse maximale. Plus d'une fois, il a ainsi dupé ses adversaires.

David Campese dispute son premier match international en 1982, à

Jean-Pierre Rives, capitaine courage du quinze de France, à 34 reprises.

19 ans. Pendant plus de 10 ans, il est l'une des pièces maîtresses des Wallabies. Néanmoins, il est considéré comme un défenseur moyen. Cela lui importe peu. Et il répond à ses détracteurs que la victoire se gagne avant tout en marquant un essai de plus que l'adversaire.

Ce grand attaquant connaît la consécration en devenant champion du monde en 1991. Pour beaucoup, il est d'ailleurs le meilleur joueur de la deuxième Coupe du Monde.

Casque d'or

Jean-Pierre Rives, le plus fameux joueur de rugby français, est surnommé, sur tous les terrains du monde, « Casque d'or », en raison de sa longue chevelure blonde.

Malgré un gabarit plutôt petit pour un troisième ligne – 1,78 mètre et 83 kilos –, il est l'un des meilleurs joueurs du monde à ce poste dans les années 70 et 80. Son courage, sa volonté et sa capacité à mener des hommes lui ont permis de porter le maillot tricolore à 59 reprises, dont 34 en tant que capitaine. Une performance inégalée à l'époque.

Le meilleur arrière du monde

Serge Blanco est né à Caracas, au Venezuela, en 1958. Dès 1960, sa famille s'installe en France, à Biarritz. Serge Blanco devient international en 1980, lors de la tournée de l'équipe de France en Afrique du Sud, un symbole pour ce joueur métisse.

Il totalise 93 sélections en équipe de France, un record au moment de sa retraite en 1992, qui ne sera dépassé que par son partenaire en sélection, Philippe Sella, en 1993.

Son attitude sur le terrain est parfois jugée dilettante, cependant il a laissé l'image d'un joueur génial pouvant retourner un match sur une seule accélération.

Après sa carrière de joueur, il se consacre au club de Biarritz dont il devient le président. Aujourd'hui, il préside la Ligue nationale de rugby et veille ainsi aux destinées du rugby professionnel français.

Les stars de demain

Jeff Wilson, ailier néo-zélandais, est, à 26 ans, l'un des joueurs les plus expérimentés des All Blacks. Il connaît des heures de gloire avec une équipe dominatrice lors des

Jeff Wilson, Afrique du Sud – Nouvelle-Zélande, 24 juin 1995, finale de la Coupe du Monde.

deux premières éditions des *Tri-Series*. Mais, en 1998, l'horizon est plus sombre avec une accumulation de défaites, du jamais vu pour les Néo-Zélandais.

Avec la baisse de régime de son compatriote Jonah Lomu, il devient l'un des leaders de l'équipe. Il pourrait même en devenir le capitaine lors de la Coupe du Monde.

Pour celui qui a réussi à faire oublier le grand Kirwan, héros de la victoire néo-zélandaise de 1987, il n'y a qu'une manière de jouer la Coupe du Monde 1999 : la gagner !

Rapide et puissant, Jeff Wilson figure aujourd'hui parmi les meilleurs

Thomas Castaignède : la France compte sur lui pour la Coupe du Monde 1999...

ailiers du monde. Il représente un danger permanent pour les défenses adverses.

Le petit génie du rugby

Incarnation du *french-flair*, ce jeu offensif et délié qui est la marque du rugby français, Thomas Castaignède est sacré plusieurs fois champion de France avec Toulouse, avant de partir pour Castres. À ce jour, son plus grand fait d'armes en équipe de France reste un drop réussi, à Twickenham, dans les dernières minutes du match contre l'Angleterre, drop qui donne la victoire aux Français.

Il possède des sensations et une habileté balle en main qui ne sont pas sans rappeler les plus grands noms du rugby français chez les

trois-quarts. Il devrait être le demi-d'ouverture et maître à jouer des tricolores lors de la Coupe du Monde.

Un joueur plein de ressources

Beau gosse, bronzé, vivant au bord de la mer au Cap, en Afrique du Sud, Bobby Skinstadt a un physique digne d'une star d'*Alerte à Malibu !* Le joueur sud-africain est en passe de devenir la vedette du rugby sud-africain, le meilleur du monde depuis un an et demi.

Il fait ses débuts internationaux à 22 ans, lors de la tournée sud-africaine en Europe, à l'automne 1998. Beaucoup voient en lui le successeur de François Pienaar, le troisième ligne et capitaine des Springboks, vainqueur de la Coupe du Monde en 1995. Il a la même rage de vaincre et

Jonah Lomu fut la star de la Coupe du Monde de 1995. Malade, il a perdu son éclat depuis. Son retour au sommet passe par une grande Coupe du Monde en 1999...

Bobby Skinstadt, Angleterre – Afrique du Sud, 5 décembre 1998.

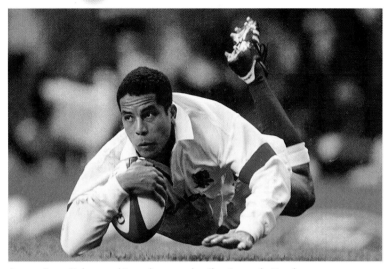

Jeremy Guscott, le regard tourné vers sa dernière Coupe du Monde.

le même sens du combat que lui, mais il possède en plus une grande habileté balle en main qui lui permet, parfois, de s'envoler vers l'en-but adverse tel un trois-quarts…

Un peu de fantaisie pour les Anglais

Jeremy Guscott a fait partie de cette équipe d'Angleterre dominatrice de l'hémisphère nord, à la fin des années 80 et au début des années 90. Une équipe orgueilleuse et intraitable, plus solide que géniale, mais qui possédait, avec ce centre, la touche de fantaisie et de folie indispensable à toutes les grandes équipes. On disait alors de Guscott qu'il était le plus doué des trois-quarts britanniques.

Aujourd'hui, il fait partie des vétérans du quinze de la Rose ; il aura 34 ans lorsque se déroulera la quatrième Coupe du Monde. Sa mission : guider les jeunes et mener l'Angleterre en finale, comme en 1991 à Twickenham. Et s'il ne possède plus

ses jambes de feu, il lui reste cet instinct du jeu qui est la marque des grands joueurs.

Le guerrier

Keith Wood est la figure emblématique d'une équipe d'Irlande tombée au plus bas au milieu des années 90. Mais en 1998, le quinze du Trèfle retrouve enfin des couleurs sous la houlette de son entraîneur, Warren Gatland.

Ce dernier redonne aux Irlandais l'envie de jouer et la confiance aux trois-quarts, en s'appuyant sur les qualités de guerrier de Keith Wood. Ce joueur est aujourd'hui considéré comme le meilleur talonneur au monde. Il se distingue parfois par une volonté un peu trop agressive. Mais il est l'image même de la fierté des rugbymen irlandais, qui ont retrouvé le goût de la victoire lors du dernier tournoi des Cinq Nations.

L'Irlande devrait logiquement retrouver la France, à Dublin, en quart de finale de la Coupe du

Monde. Les Français savent qu'avant d'affronter une équipe, il faudra affronter un homme : Keith Wood.

Keith Wood, figure emblématique du renouveau du rugby irlandais.

L'histoire de la Coupe du Monde

L'histoire veut que ce soit Albert Ferrasse, alors président de la Fédération française de rugby, qui, à la fin des années 70, lance le premier l'idée d'une Coupe du Monde de rugby. Une idée qui fait son chemin...

À la fin des années 70, l'*International Board* ne compte que huit membres : la France, l'Angleterre, l'Irlande, l'Écosse, le pays de Galles, l'Australie, la Nouvelle-Zélande et l'Afrique du Sud. Les Écossais et les Irlandais s'opposent à l'idée d'une Coupe du Monde. En revanche, Nicholas Shehadie, président de la Fédération australienne, en est un fervent défenseur. Il parvient à convaincre les Néo-Zélandais ainsi que les Sud-Africains de le suivre et emporte la décision finale. La création d'une Coupe du Monde de rugby est ainsi adoptée à l'unanimité. Le premier rendez-vous est fixé pour 1987.

Une première

Le 22 mai 1987, le coup d'envoi de la première Coupe du Monde de rugby de l'histoire est donné. La Nouvelle-Zélande et l'Australie se partagent l'organisation de cette première édition. La finale est prévue le 20 juin à l'Eden Park d'Auckland, le fief des All Blacks, qui sont alors considérés

France – Australie, 1987.

Pays de Galles – Samoa-Occidentales, 1991.

comme les meilleurs joueurs de rugby du monde.

Ce premier tournoi mondial se joue sur invitation, l'*International Board* s'étant chargé d'envoyer les cartons. Pour les éditions futures, un système de qualification est déjà prévu pour permettre au plus grand nombre de tenter leur chance.

Cette première édition est une réussite bien que les profits ne soient pas à la hauteur des espérances. On a même frôlé la catastrophe, les contrats de télévision n'ayant été signés qu'une demi-heure avant le coup d'envoi du match d'ouverture !

Un grand absent

En 1987, l'Afrique du Sud, notamment, manque à la fête. Le président de la Fédération sud-africaine, Dannie Craven, a indiqué, dès 1985, que son pays ne participerait pas à l'épreuve. Officiellement pour des raisons de visas mais, en réalité, il s'agit d'éviter de se heurter à un boycott lié à la politique d'apartheid sud-africaine. Cependant, Dannie Craven s'assure de l'appui du *Board* pour le futur.

Coupe du Monde, deuxième édition

La deuxième Coupe du Monde débute le 3 octobre 1991, à Twickenham. Le match d'ouverture oppose la Nouvelle-Zélande, tenante du titre, à l'équipe du pays hôte, l'Angleterre. Le premier essai est marqué par le Néo-Zélandais Michael Jones, qui avait déjà inscrit le premier essai lors de l'édition précédente.

Le titre mondial est décroché par l'Australie qui bat l'Angleterre en finale (12-6). Un an plus tôt, jour pour jour, l'entraîneur Bob Dwyer avait demandé à ses joueurs de trinquer au champagne à leur

Quelques minutes après la victoire de l'Afrique du Sud face à l'Australie en match d'ouverture de la troisième Coupe du Monde, des T-shirts, portant l'inscription « 27-18, j'y étais », étaient déjà en vente. Une prouesse technique !

Trois semaines avant le début de la troisième Coupe du Monde, le capitaine de l'équipe anglaise, Will Carling, se fâche avec les dirigeants de sa fédération. Il les traite de « old farts » (vieux pets). Il est immédiatement déchu de son capitanat, mais les joueurs anglais refusent tous de prendre sa succession. Du coup, après s'être excusé publiquement, Will Carling est réinvesti à son poste quatre jours plus tard.

Les Samoans, une des révélations de la Coupe du Monde 1991.

1991 : Philippe Sella et toute l'équipe de France chutent face à l'équipe d'Angleterre en quart de finale.

future victoire en Coupe du Monde. Essai transformé !

Des joueurs venus de l'hémisphère sud

L'édition 1991 voit la révélation des Samoans, joueurs venus d'une petite île au nord-est de la Nouvelle-Zélande. Ces farouches guerriers impressionnent le monde du rugby par la rudesse de leurs plaquages.
Au lendemain du match d'ouverture, emmenés par leur capitaine Peter Fatialofa, déménageur de pianos dans le civil, ils battent les Gallois sur leur terrain de l'Arms Park, à Cardiff. Deux joueurs du pays de Galles quittent le terrain sur une civière à la suite de plaquages.

Les Français se rebellent

En marge de l'épreuve, une petite tempête secoue l'équipe de France. À deux jours du quart de finale contre l'Angleterre, la sélection française menace de ne pas jouer si elle n'obtient pas de garanties concer-

C' est Nelson Mandela en personne qui, revêtu du maillot des Springboks, remet la Coupe du Monde 1995 au capitaine sud-africain François Pienaar.

France – Angleterre, 1991, un match houleux.

La Côte-d' Ivoire dispute sa première Coupe du Monde en 1995.

nant la prime de participation à la Coupe du Monde, d'une valeur de 7 000 francs par joueur. Heureusement, le riche mécène du rugby français, Serge Kampf, s'engage à assurer la prime.

1995, Afrique du Sud : plus qu'une simple victoire

Avant les joueurs, avant les matchs et les exploits sportifs, le héros de cette troisième Coupe du Monde est le président sud-africain Nelson Mandela. Après avoir été emprisonné pendant 28 ans pour avoir combattu le régime ségrégationniste sud-africain, il est libéré en 1990 et accède au pouvoir en 1991. Sa présence à la cérémonie d'ouverture de la Coupe du Monde est un symbole. Lors du discours inaugural, il appelle les joueurs sud-africains, en grande majorité blancs, « mes fils », alors qu'ils ont jusqu'à présent représenté la domination des Blancs dans un pays pourtant majoritairement noir.

Dès lors, c'est tout un peuple qui pousse son équipe jusqu'à la victoire face à la Nouvelle-Zélande. Le président Mandela assiste à la finale revêtu du maillot des Springboks. Pour sa première participation, l'Afrique du Sud remporte le trophée.

Des révélations

La Coupe du Monde est également l'occasion de découvrir des joueurs. C'est ainsi que le Néo-Zélandais Jonah Lomu, se fait remarquer du public. Il personnifie la puissance des All Blacks et deviendra, par la suite, une star du rugby mondial.

Chester Williams, l'ailier noir de l'équipe sud-africaine, fait son entrée en quart de finale pour marquer quatre essais lors du même match. Il est le symbole d'un pays réunifié.

Pour la France, cette troisième Coupe du Monde est, entre autres, celle du millième essai marqué par le quinze tricolore, toutes compétitions confondues. Celui-ci est marqué par Thierry Lacroix lors du

match France-Tonga. Mais trois semaines plus tard, la France ne parviendra pas à se qualifier pour la finale face à l'Afrique du Sud.

PALMARÈS

En 1987

1er	Nouvelle-Zélande	
2e	France	
3e	Pays de Galles	

En 1991

1er	Australie	
2e	Angleterre	
3e	Nouvelle-Zélande	

En 1995

1er	Afrique du Sud	
2e	Nouvelle-Zélande	
3e	France	

Jonah Lomu, la star de la Coupe du Monde 1995.

Japon – Australie, 1995.

Lors de la première Coupe du Monde en 1987, seules seize équipes s'affrontaient. À l'automne 1999, vingt équipes seront en concurrence. Désormais, toute la planète est concernée.

La Coupe du Monde 1999

P our cette nouvelle édition de la Coupe du Monde, tous les pays peuvent participer aux qualifications ; grands du rugby comme l'Australie, championne du monde en 1991, ou nations à la découverte de ce sport comme la Lituanie. 74 pays, répartis sur les cinq continents, se sont affrontés pour essayer de faire partie des vingt équipes retenues pour disputer le titre de champion du monde. Quatre pays n'ont pas eu besoin de passer par l'étape des qualifications. L'Afrique du Sud, tenante du titre, la Nouvelle-Zélande et la France, respectivement deuxième et troisième de la dernière édition, et le pays de Galles, pays hôte de l'édition 1999, ont été qualifiés d'office.

Comment se qualifier

Les disparités de niveaux entre les différentes équipes sont très importantes. Aussi, plusieurs étapes sont définies et les équipes rentrent progressivement dans la compétition.

Chaque continent organise ses propres éliminatoires pour désigner le, ou les, pays qualifiés dans sa zone. À savoir un pour l'Afrique, un pour l'Asie, trois pour les Amériques, trois pour le Pacifique et six pour l'Europe. Les deux dernières places

Uruguay

U.R.U

Espagne

Tonga

Italie

F.I.R.

Écosse

Afrique du Sud

Nouvelle Zéla

Namibie

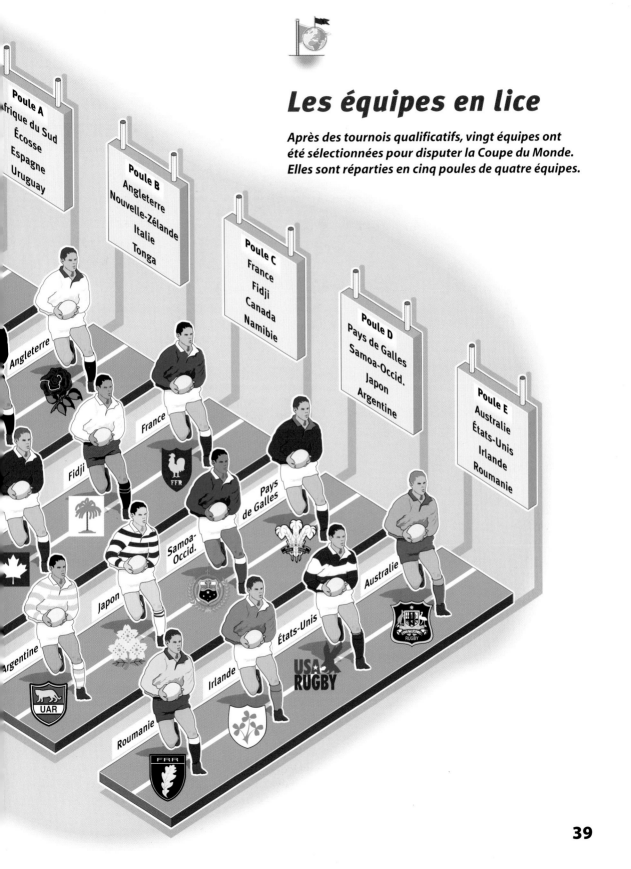

Les équipes en lice

Après des tournois qualificatifs, vingt équipes ont été sélectionnées pour disputer la Coupe du Monde. Elles sont réparties en cinq poules de quatre équipes.

Poule A
Afrique du Sud
Écosse
Espagne
Uruguay

Poule B
Angleterre
Nouvelle-Zélande
Italie
Tonga

Poule C
France
Fidji
Canada
Namibie

Poule D
Pays de Galles
Samoa-Occid.
Japon
Argentine

Poule E
Australie
États-Unis
Irlande
Roumanie

Angleterre
France
Fidji
Samoa-Occid.
Pays de Galles
Japon
Australie
Argentine
États-Unis
Irlande
Roumanie

sont attribuées à l'issue d'un ultime tournoi de repêchage, auquel participent sept équipes.

Pour chaque continent, les meilleures équipes sont sélectionnées d'emblée. En revanche, des tournois préqualificatifs sont organisés entre les autres équipes, l'équipe victorieuse participant alors au tournoi qualificatif.

Les qualifiés

En Afrique, trois tournois préqualificatifs, regroupant sept équipes, ont permis de désigner le Zimbabwe. L'équipe du Zimbabwe a joué le tournoi qualificatif contre le Maroc, la Côte-d'Ivoire et la Namibie. Les Namibiens l'ont emporté, se qualifiant ainsi pour la Coupe du Monde. Pour les Amériques, le Canada, l'Argentine et les États-Unis étaient retenus pour le tournoi qualificatif. Les quatre tournois préqualificatifs, opposant neuf équipes, ont permis de désigner l'Uruguay pour le tournoi qualificatif. Le Canada, l'Argentine et les États-Unis se sont qualifiés pour la Coupe du Monde.

Le Japon participe à sa quatrième Coupe du Monde. Si l'équipe japonaise ne compte jusqu'à présent qu'un seul match remporté en Coupe du Monde, elle peut cependant, pour la première fois, espérer se qualifier pour la deuxième phase.

En Asie, deux tournois préqualificatifs seulement, regroupant cinq équipes, ont permis de désigner Taiwan pour le tournoi qualificatif avec le Japon, la Corée du Sud et Hong Kong. Le Japon s'est qualifié pour la Coupe du Monde.

Pour le Pacifique, à l'issue des deux tournois préqualificatifs, regroupant cinq équipes, les îles Tonga et Fidji ont été désignées pour le tournoi qualificatif, où figuraient déjà l'Australie et les Samoa-Occidentales. L'Australie, les Fidji et les Samoa se sont qualifiées.

Particularité européenne

Le système le plus complexe est certainement celui de l'Europe. 34 pays sont concernés. Après six tournois préqualificatifs, trois poules de trois équipes ont été désignées. La première est constituée de l'Irlande, de la Roumanie et de la Géorgie ; la deuxième de l'Angleterre, de l'Italie et des Pays-Bas ; et la troisième de l'Écosse, de l'Espagne et du Portugal. Au terme des matchs, l'Irlande, la Roumanie, l'Angleterre, l'Italie, l'Écosse et l'Espagne se sont qualifiées pour participer à la Coupe du Monde.

Ce véritable casse-tête aura duré, au total, plus de deux ans pour réunir ainsi les vingt meilleures équipes du monde.

Le saviez-vous ?

Pour les matchs du premier tour, le prix des places s'échelonne entre 200 et 600 francs, selon le match. Pour la finale, qui sera disputée au Millenium Stadium de Cardiff, le 6 novembre, les billets les moins chers seront vendus aux alentours de 240 francs et les plus chers de 1 430 francs.

En principe, un des cinq directeurs de la Coupe du Monde devrait avoir l'honneur de remettre le trophée au capitaine de l'équipe victorieuse. Cependant, beaucoup espèrent que la reine Elizabeth d'Angleterre assistera, comme en 1991, à la finale, ce qui réglerait les problèmes de susceptibilité. Le match d'ouverture devrait, quant à lui, être présidé par le prince de Galles.

Quelques statistiques

Matchs joués et matchs gagnés

Le plus de points
en un seul match
pour un joueur

Ashley Billington
(Hong Kong –
Singapour
en 1995)

50 points

Le plus de points
en Coupe du Monde
pour un joueur

Gavin Hastings   **227 points**
Écosse

Le plus d'essais
en un seul match
pour un joueur
*(uniquement en
phase finale)*

6

Marc Ellis
(Nouvelle-Zélande
– Japon
en 1995)

Le plus de pénalités
en une seule
Coupe du Monde
pour un joueur

Thierry Lacroix
France en 1995

26

Le plus de matchs
joués en Coupe
du Monde
pour un joueur

Sean Fitzpatrick
Nouvelle-Zélande

17 matchs

	Matchs joués	Matchs gagnés	Réussite (en %)
Afrique du Sud	6 matchs joués	6	100 %
Nouvelle-Zélande	18	16	88 %
Australie	16	12	75 %
France	16	12	75 %
Angleterre	16	10	62 %
Pays de Galles	12	7	58 %
Écosse	14	8	57 %
Irlande	12	6	50 %
Samoa-Occidentales	8	4	50 %
Italie	9	4	44 %
Canada	7	3	42 %
Tonga	4	1	25 %
Roumanie	9	2	22 %
Fidji	7	1	14 %
Argentine	9	1	11 %
Japon	9	1	11 %
États-Unis	3		0 %

Le programme

Première phase

1er octobre
P. de Galles – Argentine
Cardiff

1er octobre
Fidji – Namibie
Béziers

2 octobre
France – Canada
Béziers

2 octobre
Espagne – Uruguay
Galashiels

2 octobre
Angleterre – Italie
Twickenham

2 octobre
Irlande – États-Unis
Dublin

3 octobre
Samoa-Occ. – Japon
Wrexham

3 octobre
Nouv. Zélande –Tonga
Bristol

3 octobre
Écosse – Afrique du Sud
Murrayfield

3 octobre
Australie – Roumanie
Belfast

8 octobre
Écosse – Uruguay
Murrayfield

8 octobre
France – Namibie
Bordeaux

9 octobre
Fidji – Canada
Bordeaux

9 octobre
P. de Galles – Japon
Cardiff

9 octobre
Angleterre – Nouv.-Zélande
Twickenham

9 octobre
États-Unis – Roumanie
Dublin

10 octobre
Argentine – Samoa-Occ.
Llanelli

10 octobre
Irlande – Australie
Dublin

10 octobre
Afrique du Sud – Espagne
Murrayfield

10 octobre
Italie – Tonga
Leicester

14 octobre
Nouv.-Zélande – Italie
Huddersfield

14 octobre
P. de Galles – Samoa-Occ.
Cardiff

14 octobre
Australie – États-Unis
Limerick

14 octobre
Canada – Namibie
Toulouse

15 octobre
Angleterre – Tonga
Twickenham

15 octobre
Afrique du Sud – Uruguay
Glasgow

15 octobre
Irlande – Roumanie
Dublin

16 octobre
France – Fidji
Toulouse

16 octobre
Écosse – Espagne
Murrayfield

16 octobre
Argentine – Japon
Cardiff

Play-off

20 octobre
2e groupe B contre
2e groupe C (H)
Twickenham

20 octobre
2e groupe A contre
2e groupe D (G)
Murrayfield

20 octobre
2e groupe E contre
le meilleur 3e (F)
Lens

Les play-off serviront
à désigner les trois
dernières équipes
qualifiées pour
les quarts de finale

Quarts de finale

23 octobre
Vainqueur D contre
vainqueur E (M)
Cardiff

24 octobre
Vainqueur A contre
vainqueur H (J)
Paris

24 octobre
Vainqueur C contre
vainqueur F (L)
Dublin

24 octobre
Vainqueur B contre
vainqueur G (K)
Édimbourg

Demi-finales

30 octobre
Vainqueur J contre
vainqueur M
Twickenham

31 octobre
Vainqueur K contre
vainqueur L
Twickenham

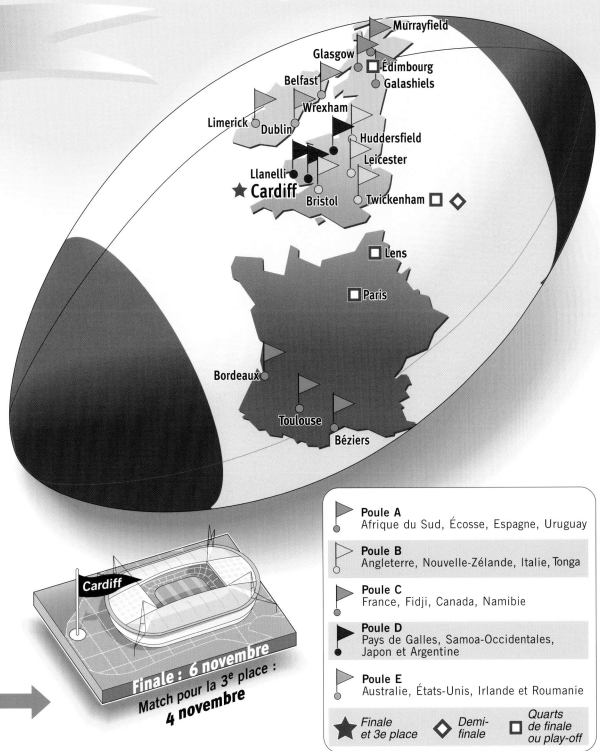

Murrayfield
Glasgow
Belfast
Édimbourg
Galashiels
Wrexham
Limerick
Dublin
Huddersfield
Leicester
Llanelli
★ Cardiff
Bristol
Twickenham
Lens
Paris
Bordeaux
Toulouse
Béziers

Poule A
Afrique du Sud, Écosse, Espagne, Uruguay

Poule B
Angleterre, Nouvelle-Zélande, Italie, Tonga

Poule C
France, Fidji, Canada, Namibie

Poule D
Pays de Galles, Samoa-Occidentales,
Japon et Argentine

Poule E
Australie, États-Unis, Irlande et Roumanie

Finale
et 3e place

Demi-
finale

Quarts
de finale
ou play-off

Cardiff

Finale : 6 novembre
Match pour la 3e place :
4 novembre

Beauty shot

(plan large du stade)

**Caméra fixe
en hauteur**

Des dizaines de personnes

*Entre 60 et 70 personnes sont mobilisées pour la retrans-
mission d'un match : les techniciens qui installent
les caméras et les câbles ; les cadreurs qui tournent les
images ; les preneurs de son installés au bord du terrain
et aidés par l'ingénieur du son qui se trouve dans le car-
régie ; l'assistant de réalisation ; le réalisateur resté
dans le car ; les éclairagistes ; le truqueur ; la scripte ;
le chargé de production et, bien sûr, les commentateurs.*

Loupe
(fixe)

**Caméra
portable**

▸ **Dispositif de base pour
la Coupe du Monde**

▷ **Dispositif supplémentaire
pour la finale**

Loupe
(fixe)

**Caméra
portable**

**Caméra
portable**

**Caméra face
aux commentateurs**

Caméra opposée

*Lors d'une retransmission télévisée, toutes
les images viennent des caméras situées du
même côté du terrain ou derrière les en-buts,
pour éviter de tromper les téléspectateurs sur
le sens du jeu. Si des images filmées par une
caméra située de l'autre côté du terrain sont
diffusées, une inscription à l'écran le précise.*

Les organisateurs de la Coupe du Monde et les télévisions qui détiennent les droits attendent jusqu'à trois milliards de téléspectateurs cet automne. Soit dix fois plus qu'en 1987 pour la première édition.

La retransmission
télévisée

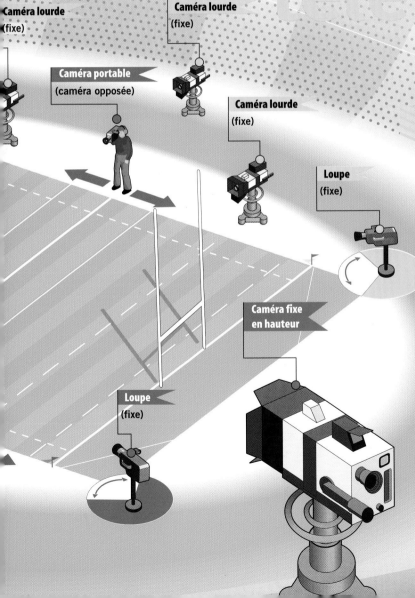

Caméra lourde
(fixe)

Caméra lourde
(fixe)

Caméra portable
(caméra opposée)

Caméra lourde
(fixe)

Loupe
(fixe)

Caméra fixe en hauteur

Loupe
(fixe)

En 1987, c'est seulement quelques heures avant le coup d'envoi de la Coupe du Monde que les derniers contrats pour la retransmission des matchs étaient bouclés. À l'époque, Antenne 2 prend le risque de retransmettre la Coupe du Monde de rugby en France. Cependant, c'est TF1 qui diffuse les deux éditions suivantes et qui possède encore les droits pour l'édition 1999 de la Coupe du Monde. France Télévision demeure néanmoins le partenaire de la Fédération de rugby et le diffuseur des matchs de l'équipe de France ainsi que du tournoi des Cinq Nations.

Le comité d'organisation négocie lui-même les contrats télévisuels, et c'est le plus offrant qui décroche le marché. Peu importent les traditions et les liens qui unissent les fédérations à certaines chaînes de télévision.

Pour suivre la Coupe du Monde 1999, il faudra regarder TF1 ou Canal +. Ces deux chaînes ont renouvelé l'accord conclu lors des deux dernières Coupes du Monde et se partageront donc la diffusion des matchs.

45

Loi n°49-956 du 16 juillet 1949 sur les publications destinées à la jeunesse.
© Hachette Livre 1999
ISBN : 2.01.291906.5 - 29/28/1906/6-01
Dépôt légal : 5522 - juin 1999
Imprimé et broché en France par Pollina, 85400 Luçon - n° 77474